DA ZERO A EROE DELL'E-COMMERCE

5 passi verso il successo multimilionario con 100 dollari

Di Abraham Wright

Contenuti

AVANTI 2

Esclusione di responsabilità: 3

INTRODUZIONE 3

Passo 1: identificare una nicchia 5

Fase 2: Trovare un fornitore locale 18

Rischio finanziario minimo 20

Costo-efficacia 21

Offerta di prodotti diversi 21

Privilegiare le vendite e il marketing 21

Capitalizzare le competenze 22

Scalabilità 22

Passo 3: Creare o clonare un sito di commercio elettronico 33

Nome di dominio: 34

Piattaforme di commercio elettronico: 35

File CSV (Comma-Separated Values): 36

Temi del negozio: 38

Clonazione: 41

"Chi siamo" 44

Registrazione dell'azienda: 45

Considerazioni fiscali: 46

Fase 4: trovare il prezzo giusto 47

Collaborazione con i fornitori: 48

Margini di profitto: 50

Software per fogli di calcolo: 52

Fase 5: Strategie SEO e di marketing 55

Parole chiave: 55

Dropshipping: 56

Risultati della ricerca: 58

Creare contenuti: 60

Blog: 61

I social media: 62

Marketing: 63

Vantaggi della fidelizzazione dei clienti: 66

Imbuti: 66

CONCLUSIONE...69

AVANTI

Come costruire un business online multimilionario in 5 passi con meno di 100 dollari al mese:

In un panorama in continua evoluzione come quello dell'e-commerce, il libro di Abraham Wright, "From Zero To E-Commerce Hero", si propone come una narrazione pratica per gli imprenditori in cerca di intuizioni pragmatiche. Il viaggio di Abraham nel settore dell'e-commerce fornisce una visione dei principi fondamentali necessari per il successo in questo settore altamente competitivo. Il libro svela un progetto completo, semplice e chiaro, ed è pieno di passi da compiere, che consentono agli aspiranti imprenditori del commercio elettronico di raggiungere un successo multimilionario senza la necessità di un capitale sostanziale.

Questi passaggi comprendono l'identificazione di una nicchia redditizia, la creazione di partnership con fornitori locali, la creazione di una presenza online convincente, la padronanza dell'arte dei prezzi e la gestione efficace delle complessità delle strategie SEO e di marketing.

In un mondo in cui il successo dell'e-commerce può apparire inafferrabile, questo libro offre una narrazione al tempo stesso relazionabile e pratica, guidando gli imprenditori verso un percorso che porta da **zero a eroe dell'e-commerce.**

Esclusione di responsabilità:

L'obiettivo dei contenuti offerti in questo libro è quello di fornire materiale informativo e di approfondimento sui vari temi trattati. Tutti i dati numerici inclusi in questo libro sono puramente illustrativi e non hanno altro scopo che quello di sostenere le argomentazioni teoriche dell'autore.

L'editore e l'autore non sono responsabili di eventuali danni o conseguenze negative che possono derivare da azioni o dalla mancanza di azioni da parte di individui che leggono o seguono le informazioni fornite in questo libro. Nessuna delle due parti può essere ritenuta responsabile per le azioni intraprese o non intraprese in seguito alla lettura di questo libro.

I riferimenti forniti in questo libro hanno il solo scopo di fornire informazioni; non devono essere considerati come raccomandazioni di determinati siti web o altre fonti. Il lettore deve inoltre essere informato che i siti web a cui si fa riferimento in questo libro possono, nel corso del tempo, subire modifiche o diventare irrilevanti.

INTRODUZIONE

Un gran numero di persone si prefigge di raggiungere l'indipendenza finanziaria, con l'obiettivo di liberarsi dalle costrizioni della tradizionale routine lavorativa dei colletti blu dalle 9 alle 5, in cui lo stress di vivere di stipendio in stipendio può ostacolare lo sviluppo personale. Il viaggio verso l'autonomia monetaria inizia in genere con il concepimento di un'idea e richiede un lavoro duro, concentrato e costante. La concentrazione è uno dei fattori più importanti che determinerà il successo di questa impresa.

Mantenere la concentrazione significa liberarsi di tutte le distrazioni inutili che potrebbero distogliere l'attenzione dall'obiettivo che ci si è prefissati. In questo libro, vi fornirò un programma che ha avuto successo per molte persone; un programma che vi permetterà di intraprendere un'avventura imprenditoriale multimilionaria con un investimento inferiore a 100 dollari. Vi presenterò questo piano in modo che possiate trarre vantaggio dal suo potenziale. Questa strategia è una delle iniziative imprenditoriali che ho conosciuto con il minor rischio possibile, ed è sicuramente fattibile. Per iniziare questa avventura, è sufficiente avere accesso a un computer e a Internet.

Le azioni descritte in questo schema sono facili da capire e semplici da realizzare. Una volta determinata la vostra specializzazione e trovato un fornitore, il carico di lavoro è in realtà abbastanza fattibile e potreste persino essere in grado di delegare alcune responsabilità a un agente libero.

Si tratta di una strategia collaudata che può mettervi sulla strada giusta per raggiungere il vostro obiettivo di indipendenza finanziaria.

Passo 1: identificare una nicchia

Determinare una nicchia di business è un'impresa intricata e sfaccettata che richiede una ricerca rigorosa, una riflessione strategica e un'ampia comprensione della base di consumatori prevista. Gli imprenditori devono identificare i bisogni non soddisfatti o i settori sottoutilizzati all'interno di un'industria e personalizzare le loro offerte per soddisfare questi desideri specifici.

Il viaggio inizia con un'accurata indagine di mercato. I venture capitalist devono analizzare l'ambiente industriale più ampio per identificare tendenze, vuoti e opportunità. È consigliabile condurre ricerche sui concorrenti, sui comportamenti dei clienti e sulle tecnologie emergenti.

Una nicchia fiorente corrisponde spesso all'area di interesse e di competenza dell'imprenditore. Chi è sinceramente entusiasta della materia è più propenso a mantenere la dedizione e a promuovere l'innovazione. Di conseguenza, dovrebbero impegnarsi nell'introspezione e determinare quali settori o argomenti catturano autenticamente il loro interesse.

È fondamentale affinare il pubblico a cui ci si rivolge. Gli imprenditori dovrebbero sviluppare delle personas complete per i consumatori, al fine di conoscere i dati demografici, le preferenze e le sfide della loro potenziale clientela. In questo modo è possibile personalizzare i servizi o i prodotti per soddisfare esigenze particolari.

È essenziale comprendere il panorama competitivo. Gli imprenditori devono valutare i meriti e i demeriti degli attuali partecipanti al segmento di mercato selezionato. Questo può facilitare l'identificazione dei settori in cui possiedono capacità eccezionali o in cui possono fornire una proposta di valore distintiva.

Prima di effettuare un investimento completo in una nicchia, è consigliabile condurre una validazione approfondita del concetto di business. Per ottenere un feedback, si può ricorrere a focus group, sondaggi o anche all'offerta di un prodotto minimo realizzabile (MVP) a un gruppo selezionato di potenziali consumatori.

Dopo la costituzione dell'azienda, i titolari devono valutare e perfezionare costantemente le loro offerte in base ai suggerimenti dei clienti. In questo modo si garantisce che i prodotti o i servizi si adattino per soddisfare le richieste in continua evoluzione della nicchia di mercato.

Prima di ritagliarsi una nicchia, è necessario stabilire una solida presenza del marchio. Un'identità, un messaggio e una narrazione del marchio unici possono aiutare un'azienda a differenziarsi e a stabilire un legame più profondo con il suo mercato di riferimento.

Un content marketing efficace è fondamentale per entrare in contatto e influenzare un pubblico specifico. Produrre contenuti istruttivi, pertinenti e di alta qualità può aiutare un'azienda ad affermarsi come autorità del settore e ad attrarre nuovi clienti.

Lo sviluppo di relazioni all'interno della comunità di nicchia può portare a opportunità di partnership e collaborazione. Questo potrebbe facilitare l'organizzazione nell'espandere il suo pubblico e stabilire la sua credibilità.

Infine, la vigilanza e la flessibilità sono qualità essenziali. La concorrenza, le condizioni di mercato e le preferenze dei consumatori sono tutte suscettibili di modifiche. Gli imprenditori devono rimanere vigili su queste tendenze ed essere pronti ad adattare le loro strategie in risposta.

L'esplorazione di una nicchia di business richiede una procedura continua e dinamica che combina conoscenze approfondite, entusiasmo, flessibilità e ricerche significative sul mercato di riferimento. Il nocciolo della questione è l'identificazione dei bisogni insoddisfatti e lo sviluppo di soluzioni specializzate che si rivolgano a una clientela specifica, favorendo così l'espansione e la prosperità del business.

È essenziale individuare una nicchia che sia in linea con le vostre preferenze e capacità individuali. Se avete una forte passione o interesse per l'arte, dovreste studiare le nicchie all'interno di questa disciplina. Allo stesso modo, chi ha competenze di programmazione o una propensione per la tecnologia dovrebbe privilegiare i segmenti che si trovano in prossimità della propria area di competenza.

La scelta di un settore di competenza in linea con i propri interessi e le proprie capacità è motivata dal fatto di potersi dedicare con tutto il cuore all'attività imprenditoriale e di poterla portare avanti con successo. Naturalmente dedicherete una parte significativa della vostra energia e del vostro entusiasmo all'espansione della vostra attività, aumentandone così le probabilità di successo.

Anche se è possibile avventurarsi in nicchie non correlate alle proprie competenze o interessi, farlo può diventare progressivamente più difficile con la crescita dell'attività.

Durante il periodo della corsa all'oro, quando Levi Strauss iniziò a creare un'azienda di jeans negli Stati Uniti, individuò una nicchia di mercato distinta e vantaggiosa. Prima di allora, la maggior parte delle persone e delle imprese si occupava di fornire ai cercatori d'oro strumenti e attrezzature per l'estrazione mineraria, come pale e mappe. Inaspettatamente, non si prestava attenzione all'importanza di sviluppare un abbigliamento da lavoro adeguato per i minatori impegnati nelle attività estrattive.

Levi Strauss dimostrò un'eccezionale lungimiranza ideando una soluzione: produrre pantaloni in tessuto resistente, funzionali ed esteticamente accattivanti. A sua insaputa, questa uniforme innovativa sarebbe diventata una delle icone della moda più riconoscibili del XXI secolo. Ancora più stupefacente è il fatto che i pantaloni Levi's abbiano resistito all'obsolescenza molto tempo dopo la fine della corsa all'oro. Al contrario, hanno perseverato e mantenuto il loro successo fino ai giorni nostri, evolvendosi in un marchio di abbigliamento e denim di fama internazionale e duraturo.

Come nel caso del successo di Levi Strauss, è indispensabile identificare la propria nicchia prima di intraprendere un'attività imprenditoriale. È consigliabile scegliere una nicchia in cui i prodotti che si intendono acquistare siano relativamente piccoli in termini di dimensioni e peso, soprattutto se l'obiettivo è quello di creare un'impresa online di successo. È consigliabile che una start-up si impegni a gestire in modo efficiente le spese di spedizione e a sfruttare le alternative logistiche più semplici, come le piccole società di spedizione e i servizi postali.

Sebbene non sia impossibile iniziare con prodotti ingombranti o pesanti, il mercato preferisce in genere articoli semplici da spedire. Vanity e commodity sono esempi di prodotti che in genere acquistano più rapidamente trazione nell'ambiente del business online. Tuttavia, evitate di preoccuparvi prematuramente delle dimensioni, del volume o del peso del prodotto. Definire e identificare la propria nicchia deve essere il vostro obiettivo principale. Una volta identificata la nicchia, sarà più facile determinare i prodotti più adatti alla vostra impresa online.

È fondamentale sviluppare una road map aziendale completa che affronti tutti gli aspetti, compresa la selezione dei prodotti, il marketing e le strategie di vendita. Un vantaggio di questo modello di business è che evita la necessità di possedere i prodotti o di acquistarli all'ingrosso. Inoltre, non c'è bisogno di uno spazio di stoccaggio tangibile, perché si può utilizzare l'inventario di un fornitore per soddisfare le richieste dei clienti.

È possibile utilizzare la formula MAGIC come bussola per individuare la propria nicchia. MAGIC, che sta per Cash-flow, Innovation, Awesomeness, Greatness e Money, sono tutti elementi essenziali che la vostra nicchia dovrebbe includere. Esploriamo le seguenti sfaccettature:

La nicchia scelta deve poter produrre un profitto. Valutate questo aspetto analizzando le componenti finanziarie. Qual è il fatturato annuo, misurato in milioni o miliardi di dollari, che i prodotti della vostra nicchia producono? Analizzate le tendenze: queste cifre sono in aumento o in diminuzione? Il denaro è un indicatore significativo della redditività della vostra nicchia.

Valutate se i prodotti della vostra nicchia sono davvero fenomenali. I consumatori li percepiranno come attraenti e persuasivi al punto da giustificare l'acquisto? Questi prodotti possiedono un'autentica eccellenza e la capacità di migliorare la vita del cliente? Tenete sempre presente che i clienti acquistano qualcosa di valore in cambio del loro denaro.

Il concetto di grandezza si riferisce al valore che i vostri prodotti offrono. Devono essere distintivi e svolgere una funzione che attragga fortemente i destinatari. I clienti sono disposti a investire in un prodotto eccezionale perché soddisfa efficacemente le loro esigenze o risolve i loro problemi.

L'innovazione è una forza trasformativa. La vostra nicchia dovrebbe contenere, come nel momento in cui Steve Jobs ha presentato l'iPhone, componenti innovativi che hanno il potenziale per sconvolgere il mercato o rivoluzionare un settore. I prodotti innovativi hanno la capacità di catturare l'attenzione dei consumatori e di esercitare un'influenza duratura.

Stabilire un flusso di cassa sostenibile è fondamentale. Le aziende devono generare rapidamente entrate. I potenziali investitori potrebbero essere dissuasi dall'investire anche se avete un concetto o un prodotto brillante se il ritorno sull'investimento richiede anni per concretizzarsi. Le persone preferiscono ottenere ritorni sui loro investimenti il più rapidamente possibile. Una solida strategia aziendale dovrebbe garantire un rapido accumulo di flussi di cassa.

La trasmissione di messaggi attraverso canali in grado di raggiungere un ampio pubblico è un principio fondamentale del marketing. Ad esempio, un messaggio come "L'America è grande" impresso sulla banconota da un dollaro o su un altro pezzo di moneta molto usato ha il potenziale di raggiungere milioni di persone. Allo stesso modo, la vostra nicchia deve avere la capacità di coinvolgere e connettersi con un pubblico ampio. In conclusione, la formula MAGIC può aiutarvi a identificare un segmento di mercato che possieda non solo un potenziale finanziario, ma anche l'interesse dei clienti, la proposta di valore, l'innovazione e un flusso di cassa costante, aderendo così ai principi delle imprese commerciali prospere. È indispensabile considerare una nicchia di mercato che offra un'ampia varietà di prodotti. Maggiore è la varietà offerta da una nicchia, maggiore è la probabilità di ottenere vendite efficaci. Anche se è possibile creare una nicchia che ruota attorno a un unico prodotto, è fondamentale che il prodotto aderisca alla formula MAGIC e presenti caratteristiche distintive e pionieristiche.

Ad esempio, quando ho iniziato la mia attività, vendevo olio di origano acquistato esclusivamente da un fornitore. All'inizio, l'offerta del prodotto era solitaria. Tuttavia, essendo un prodotto nuovo, l'olio di origano ha continuato ad attrarre un costante aumento della domanda da parte dei consumatori.

La mia linea di prodotti è stata gradualmente diversificata per includere un assortimento di oli essenziali. In seguito, ho stretto un'alleanza strategica con un grossista, che mi ha permesso di fornire alla mia clientela una selezione più ampia di prodotti senza dover sostenere le spese di gestione del magazzino. Ho guadagnato una commissione agendo come intermediario e commercializzando i prodotti del grossista.

Il nocciolo della questione è che una nicchia contenente una gamma diversificata di prodotti è spesso più vantaggiosa. Le esigenze degli individui sono varie e il funzionamento del commercio è governato dai principi della probabilità. Rispetto a una nicchia con un'unica offerta di prodotti, l'ampliamento della base di clienti e il raggiungimento del successo sono favoriti dall'offerta di più prodotti.

Fase 2: Trovare un fornitore locale

Questa fase prevede l'individuazione di un fornitore locale per la vostra nicchia con un inventario da moderato a sostanzioso.

Dopo aver individuato la vostra nicchia, la procedura da seguire è quella di individuare un fornitore adeguato. Anche se il fornitore può essere locale o internazionale, ai fini della presente trattazione ci concentreremo sui fornitori locali con inventario.

Il modello commerciale della distribuzione, spesso utilizzato dai fornitori internazionali, rappresenta un'opportunità interessante e potenzialmente redditizia. Tuttavia, presenta una serie di difficoltà. Sebbene offra la possibilità di generare un reddito passivo, la sua gestione può essere piuttosto complessa. Può essere difficile risolvere i problemi dei consumatori quando non si ha accesso diretto ai prodotti in questione. Le difficoltà possono sorgere quando si cerca di fornire un servizio di assistenza ai clienti e di risolvere i problemi nell'ambito di un modello di outsourcing.

La collaborazione con i fornitori locali, che gestiscono il proprio inventario e forniscono un maggiore controllo e coinvolgimento diretto nelle operazioni commerciali, sarà il fulcro di questo libro.

L'idea centrale riguarda la creazione di un'impresa online prospera che richiede un investimento minimo di capitale, un'esposizione limitata al rischio e la possibilità di ottenere guadagni finanziari sostanziali. Al centro di questa struttura c'è la funzione del fornitore, che funge essenzialmente da titolare dell'inventario. Questo metodo elimina la necessità di mantenere un inventario tangibile dei prodotti. Al contrario, voi fungete da intermediari, capitalizzando il valore e i ricavi generati dai prodotti del vostro fornitore. Sia voi che il vostro fornitore guadagnate da questa relazione simbiotica, in quanto agite come canale di vendita e ottenete una parte dei proventi. I margini di profitto e altri dettagli relativi a questa partnership saranno esaminati in modo approfondito nella successiva discussione sulle strategie di prezzo.

Questo paradigma commerciale è elegante per la sua versatilità e adattabilità. La composizione dei vostri fornitori può variare in base alle caratteristiche della vostra nicchia di settore e ai vostri particolari obiettivi commerciali. Possono essere fornitori di servizi, boutique artigianali, produttori, grossisti o rivenditori tradizionali. La vostra nicchia si riflette da vicino nel processo di selezione dei fornitori, che vi consente di adattare la vostra attività ai requisiti e agli attributi specifici del mercato da voi selezionato.

Stringendo alleanze con questi fornitori, potete accedere a una serie di vantaggi. Di seguito sono elencati alcuni importanti vantaggi:

Rischio finanziario minimo :

L'assenza di obblighi di investimento relativi all'approvvigionamento e allo stoccaggio delle scorte riduce notevolmente il rischio finanziario. Riducendo la barriera all'ingresso per gli aspiranti imprenditori, si attenua la potenziale perdita nel caso in cui l'attività non riesca ad affermarsi come previsto.

<u>Costo-efficacia</u> :

È possibile gestire la propria attività con spese amministrative minime. Non sono necessari magazzini, depositi e costi associati. Questa economicità aumenta il potenziale di profitto.

<u>Offerta di prodotti diversi</u> :

Sfruttando le diverse scorte dei vostri fornitori, avrete la possibilità di fornire un'ampia selezione di prodotti o servizi che rispondono efficacemente alle diverse esigenze del vostro target demografico. La diversificazione consente di attirare un maggior numero di clienti.

<u>Privilegiare le vendite e il marketing</u> :

L'enfasi centrale dei vostri sforzi dovrebbe essere sulle vendite e sul marketing. Senza essere appesantiti dalla gestione dell'inventario, potete concentrarvi sulla promozione efficace dei vostri prodotti o servizi, sullo sviluppo del vostro marchio e sull'espansione della vostra base di clienti.

Capitalizzare le competenze :

I fornitori possiedono spesso conoscenze e competenze approfondite relative ai loro settori specifici. Potete perfezionare le vostre offerte, ottenere l'accesso a prodotti di alta qualità e ottenere preziose intuizioni sfruttando la loro esperienza.

Scalabilità :

Potete facilmente estendere la vostra attività man mano che si espande, stabilendo alleanze con altri fornitori o ampliando l'assortimento di prodotti e servizi. La scalabilità consente una rapida espansione, evitando le complessità logistiche che affliggono le imprese tradizionali.

Fondamentalmente, questo modello di business capitalizza i vantaggi della specializzazione e della collaborazione, consentendovi di concentrarvi sulle vostre competenze principali: stabilire connessioni con i consumatori, promuovere i prodotti e generare ricavi.

Si tratta di un ecosistema reciprocamente vantaggioso in cui sia voi che i vostri fornitori potete prosperare; è una situazione win-win. Esamineremo ulteriormente i vari aspetti di questo modello di business, come le strategie di prezzo, il coinvolgimento dei clienti e la scalabilità per garantire il successo a lungo termine.

Supponiamo che abbiate scelto il settore della gioielleria come nicchia di business online. A questo punto, è opportuno individuare un fornitore di gioielli affidabile, in grado di offrire un'ampia varietà di prodotti. La procedura inizia con l'instaurazione di un rapporto con i potenziali fornitori. È possibile visitarli, partecipare a dialoghi concreti e richiedere una copia del loro catalogo prodotti. Questo scambio di persona consente di determinare la loro credibilità e di valutare l'assortimento di gioielli che offrono.

È consigliabile informarsi sui prodotti più richiesti durante i colloqui. La comprensione dei prodotti più richiesti può aiutare a coordinare le decisioni sulle scorte con la domanda del mercato.
 Inoltre, investite del tempo per indagare sul sito web del fornitore, se ha una presenza digitale. Accedendo ai suoi prodotti attraverso questo portale digitale, si può acquisire una conoscenza significativa della portata del suo stock e identificare particolari articoli di gioielleria che potrebbero essere adatti a essere inseriti in un negozio online.

Attraverso un esame approfondito del catalogo e della presenza online del fornitore, si acquisiscono le conoscenze necessarie per prendere decisioni ben informate sui prodotti da esporre nella nicchia dei gioielli. Questa fase di ricerca assicura che il vostro business online soddisfi i desideri e le esigenze del vostro mercato di riferimento e getta le basi per una partnership prospera.

Il compito di individuare il fornitore più affidabile richiede indagini approfondite e scrupolosità. Il fornitore può essere paragonato a una gemma inestimabile scoperta durante una spedizione imprenditoriale. Stabilire la fiducia e mantenere la regolarità, soprattutto nelle fasi iniziali, dipende dalla creazione di alleanze con fornitori affidabili. Di conseguenza, l'avvio della ricerca di un fornitore è un'impresa cruciale.

Per individuare il fornitore ottimale, è necessario effettuare una ricerca meticolosa. Ad esempio, quando si intraprende un'attività commerciale come la vendita di integratori alimentari, è fondamentale individuare i rivenditori più stimati che operano nel settore. Il successo della vostra azienda dipende dall'affidabilità e dalla qualità del vostro fornitore.

Per avviare la vostra indagine, indagate su più percorsi. Utilizzate Google per individuare i potenziali fornitori in linea con la vostra area di competenza. Esaminate le riviste periodiche per individuare i dirigenti del settore. Informatevi presso la Camera di commercio della vostra zona sulle aziende leader del settore. Per individuare fornitori e rivenditori specializzati nella vostra nicchia, consultate le Pagine Gialle. Non bisogna sottovalutare l'importanza di chiedere raccomandazioni a conoscenti e coetanei, che possono avere intuizioni preziose.

Un passo cruciale nella creazione di un'azienda è assicurarsi che un fornitore fornisca un inventario fisico prontamente disponibile per l'uso. La mancata considerazione di questo elemento cruciale può ostacolare il vostro progresso e impedire la vostra traiettoria verso il successo. Di conseguenza, investite il tempo e l'energia necessari per identificare e stabilire sistematicamente un rapporto di collaborazione con un fornitore affidabile, poiché questo serve come pilastro fondamentale del vostro sforzo imprenditoriale.

Dopo essersi assicurati un fornitore affidabile, l'impegno critico successivo consiste nell'avviare il processo di costruzione del catalogo. Questa procedura comporta la selezione accurata dei prodotti da vendere all'interno di una nicchia specifica, seguita dall'organizzazione dei prodotti in un catalogo completo. Per ottimizzare questa operazione, si può pensare di utilizzare un foglio di calcolo come Excel o Google Sheets.

Ogni prodotto di questo catalogo merita una descrizione elaborata. Pretendere di spiegare le motivazioni che spingono i consumatori ad acquistare un determinato prodotto è di estrema importanza. Fate un ulteriore sforzo per migliorare la descrizione del prodotto al fine di aumentarne il fascino, se già esiste. Spesso i clienti non sono a conoscenza dell'esistenza o dell'utilità di determinati prodotti; è quindi vostra responsabilità informarli.

Tenete presente che, mentre sviluppate il vostro catalogo, questo fungerà da prezioso riferimento quando inizierete la costruzione del vostro sito web. Lo sviluppo di descrizioni approfondite ha il duplice scopo di illuminare i potenziali acquirenti e di contribuire all'ottimizzazione dei motori di ricerca (SEO). Un catalogo ben organizzato e contenente le parole chiave appropriate aumenterà la visibilità e il rilievo del vostro sito web nelle ricerche online.

Inoltre, attraverso la creazione di questo catalogo, state effettivamente creando il vostro inventario virtuale: una collezione inestimabile di prodotti che non avete investito un solo dollaro per procurarvi. Il vostro intervento è necessario per presentare questo inventario al mondo e trasformarlo in commercio. È come scoprire un tesoro personale su Alibaba, ricco di potenziale non sfruttato che non vede l'ora di essere sfruttato e presentato a una clientela soddisfatta.

È importante capire che il processo di individuazione di un fornitore non richiede che sia l'unico. Infatti, avete la prerogativa di stabilire partnership con un numero illimitato di fornitori, a condizione che soddisfino gli standard di affidabilità e mantengano uno stock tangibile. Considerate che avete deciso di specializzarvi nella vendita di prodotti per l'infanzia. In questa situazione, ci si può procurare le scorte dal fornitore X e contemporaneamente studiare le offerte del fornitore Y. Questa strategia consente di ampliare il catalogo dei prodotti, offrendo così ai clienti una maggiore varietà di scelta.

A volte può capitare che sia il fornitore X che il fornitore Y offrano lo stesso prodotto, indicato come prodotto P. In queste situazioni, calcolate il vostro margine di profitto calcolando il prezzo medio del prodotto P di entrambi i fornitori. Questa metodologia garantisce la competitività dei prezzi senza compromettere la capacità di generare ricavi.

L'idoneità al trasporto di un prodotto è un ulteriore fattore critico da considerare quando si costruisce un inventario virtuale. Alcuni articoli, come i materiali combustibili o i compressori d'aria, possono presentare difficoltà o addirittura vincoli legali in termini di trasporto aereo.

Il rispetto delle norme di spedizione e la consapevolezza di queste limitazioni sono di estrema importanza.

Tenete presente che il vostro inventario online è simile a un patrimonio di risorse potenziali che aspettano solo di essere sfruttate. Cercate di costruirlo, migliorarlo ed espanderlo. La qualità è più importante della quantità; un eccesso di scorte comprometterebbe la qualità dei prodotti.

Il raggiungimento di un business sostenibile e affidabile è di fondamentale importanza e richiede il mantenimento di un approccio equilibrato che salvaguardi gli interessi dei clienti e la prosperità dell'impresa.

Dopo aver identificato con successo i fornitori di nicchia per il vostro inventario, è fondamentale introdurre una struttura nelle vostre operazioni commerciali. Un metodo efficace per raggiungere questo obiettivo consiste nell'aggregare tutte le informazioni sui prodotti in un file CSV (Comma-Separated Values) o, in alternativa, in un foglio di calcolo ben strutturato.

L'implementazione di file CSV può ottimizzare in modo significativo la procedura quando si decide di convertire la propria impresa in una piattaforma di e-commerce.

La creazione di file CSV è semplificata da una serie di alternative software, tra cui programmi gratuiti e open-source. Se si utilizzano piattaforme di e-commerce come Shopify o GoDaddy, questi file CSV saranno della massima importanza. Essi rivoluzionano il processo di creazione di un negozio online, semplificandone le operazioni.

Lo sviluppo di un sito web, che prima richiedeva dai tre ai sei mesi, ora può essere completato in una o due settimane, o anche prima, a seconda del livello di impegno e di tempo dedicato alla costruzione del sito.

Passo 3: Creare o clonare un sito di commercio elettronico

In questa fase parleremo della costruzione di un sito di e-commerce creando il vostro negozio online o replicandone uno esistente.

Con l'avvento di strumenti di facile utilizzo e della tecnologia moderna, la creazione di un sito web si è evoluta da un compito un tempo difficile a uno dei metodi più semplici per stabilire una presenza online.

Un decennio fa, costruire una piattaforma di e-commerce era un'impresa difficile e costosa. Oggi è possibile creare un sito web di e-commerce, anche se non si dispone di competenze tecnologiche significative. In alternativa, si può affidare il compito a un freelance; tuttavia, ciò può comportare spese che vanno da 100 a 1.000 dollari, a seconda delle specifiche che si hanno in relazione a piattaforme come GoDaddy o Shopify.

Con una conoscenza di base dei computer e di Internet, la creazione di un sito web non rappresenta un'impresa eccessivamente difficile.

Nome di dominio:

Per iniziare è necessario un nome di dominio per il proprio sito web.

È essenziale scegliere un nome di dominio memorabile e accattivante, in quanto questo aumenterà la scopribilità del vostro sito web quando Google lo indicizzerà per Google Analytics. Un nome memorabile è una risorsa per i propri sforzi di marketing. Chi può dimenticare nomi di dominio come business.com o amazon.com?

Incredibilmente, il nome di dominio business.com è stato venduto per l'ingente somma di un milione di dollari, al netto di qualsiasi sito web allegato.

Iniziate il processo di sviluppo del vostro sito web effettuando una ricerca di nomi di dominio per trovare un nome memorabile e conciso che rifletta accuratamente la vostra area di competenza. Assicuratevi che sia sintetico, accattivante e degno di nota. Dopo aver individuato il nome ideale, verificatene la disponibilità per assicurarvi che sia acquistabile. Il costo annuale della registrazione di un nome di dominio varia da 9,99 a 15 dollari. Hostinger e GoDaddy sono tra le molte aziende che offrono registrazioni di nomi di dominio.

Shopify, una piattaforma ampiamente riconosciuta per le sue intuitive funzioni di sviluppo di siti web di e-commerce, offre anche la possibilità di registrare un nome di dominio. Oltre ai suoi concorrenti, GoDaddy offre un costruttore di e-commerce più economico e competitivo di Shopify. Queste piattaforme di e-commerce eliminano la necessità di competenze di codifica o di programmazione per facilitare la creazione di siti web.

<u>Piattaforme di commercio elettronico:</u>

Dopo aver ottenuto un nome di dominio per la vostra impresa online, potete procedere con lo sviluppo del vostro sito di e-commerce. Esistono tre semplici approcci per creare un sito web di commercio elettronico: il più semplice è l'utilizzo di una piattaforma precostituita come Shopify. Questa piattaforma senza problemi vi garantisce l'autonomia necessaria per sviluppare in modo efficiente e rapido il vostro sito di e-commerce.

File CSV (Comma-Separated Values):

È sufficiente importare nella piattaforma il file CSV (Comma-Separated Values) creato. Per questo motivo, nella Fase 2 ho sottolineato l'importanza di costruire un catalogo d'inventario ben organizzato.

La creazione di questo catalogo semplificherà notevolmente il processo di sviluppo della vostra impresa online, poiché Shopify si assume la maggior parte delle attività ad alta intensità di lavoro. La vostra principale responsabilità consiste nell'aggiungere i prodotti al vostro sito web.

Per coloro che non conoscono l'espressione "esportazione", essa indica il processo di trasferimento dei dati da una posizione o un formato a un altro, come ad esempio le informazioni sui prodotti contenute in un file CSV.

L'esportazione, in questo contesto, consiste nel trasferire le informazioni dal catalogo dell'inventario alla piattaforma Shopify, facilitando così la perfetta integrazione dei prodotti nel vostro sito di e-commerce. Utilizzando questo approccio semplificato, potrete dedicare efficacemente tempo ed energie alla costruzione del vostro negozio online.

Se il vostro sito web contiene un numero relativamente basso di prodotti, potrebbe non essere necessario generare un file CSV; potete inserire gli articoli manualmente. Shopify offre un mese di prova gratuita, durante il quale avete tempo sufficiente per aggiungere o importare manualmente tutti i vostri prodotti dal file CSV. In modo simile, la piattaforma di e-commerce di GoDaddy offre un periodo di prova gratuito durante il quale è possibile configurare i prodotti.

OpenCart è un'ulteriore alternativa economica a Shopify e GoDaddy. OpenCart è una piattaforma di e-commerce che consente lo sviluppo di siti web di acquisto open-source. L'unico requisito è il pagamento dell'hosting; i prezzi variano da 2,99 a 30 dollari al mese, a seconda delle esigenze di consumo di dati dell'utente. Suggerisco Shopify, il cui hosting è incluso nel piano mensile. Dopo un mese di prova gratuita, il piano più conveniente costa 51 dollari al mese, dopo che i primi tre mesi sono fatturati a 1 dollaro al mese.

Inizialmente, un piano costoso potrebbe non essere essenziale; si può scegliere di effettuare un upgrade con l'aumentare del volume delle vendite. Inoltre, GoDaddy è un'opzione economica.

Temi del negozio:

Prima di iniziare lo sviluppo del vostro sito web, è essenziale scegliere un tema appropriato per il vostro negozio. Esiste una varietà di temi disponibili per la vostra nicchia, alcuni dei quali sono gratuiti e altri possono richiedere un pagamento. Numerosi temi gratuiti sono più che sufficienti per un sito web.

Shopify offre un sistema di pagamento integrato per l'elaborazione dei pagamenti, che richiede il collegamento delle informazioni finanziarie al vostro sito web. Shopify offre anche soluzioni per la logistica. L'integrazione di vettori nazionali e privati nella piattaforma di Shopify è perfetta, come quella di GoDaddy. Al contrario, nel caso di OpenCart, l'acquisizione di una chiave API o di un codice per integrare i loro sistemi nella vostra piattaforma di e-commerce richiede l'avvio di una comunicazione con i vettori.

Sia GoDaddy che Shopify offrono la possibilità di impiegare i propri specialisti per lo sviluppo del sito web. Tuttavia, non ci soffermeremo su questi servizi, poiché la concentrazione di questo libro è sulla creazione di un'attività di successo con un investimento di 50 dollari. Al contrario, potreste voler assumere dei freelance da piattaforme alternative, come GoDaddy o Shopify, che spesso offrono tariffe più competitive e possono avere una notevole esperienza nello sviluppo di siti web.

Sebbene Shopify e GoDaddy siano alternative lodevoli, è importante riconoscere che esistono anche altre scelte valide. Alcune aziende scelgono di utilizzare la piattaforma WooCommerce, soprattutto se possiedono una precedente esperienza nello sviluppo di siti web WordPress. Integrandosi perfettamente con i temi di WordPress, WooCommerce offre un'ulteriore opzione praticabile per lo sviluppo di un sito web di e-commerce.

È fondamentale tenere presente che il processo di sviluppo di un sito web di e-commerce è diventato straordinariamente conveniente nell'attuale ambiente digitale. È fondamentale mantenere la concentrazione e scegliere la piattaforma che corrisponde alle proprie competenze e al proprio livello di facilità. Se avete già esperienza nello sviluppo di siti web in WordPress, WooCommerce può rivelarsi una scelta eccellente.

Clonazione:

Esiste l'opportunità di duplicare rapidamente un sito web di e-commerce consolidato di proprietà del vostro fornitore attraverso il processo di replica. Grazie all'utilizzo di un software di web harvesting, è possibile produrre efficacemente un file CSV contenente tutte le informazioni richieste. Questo file può essere successivamente esportato su una piattaforma di e-commerce indipendente. Pensiamo a una situazione in cui il vostro fornitore ha un catalogo online completo con più di mille prodotti. Utilizzando un web scraper, è possibile estrarre facilmente questi dati e costruire il proprio inventario.

Pur non avendo competenze legali, è generalmente consentito utilizzare software come i web scrapers per questo particolare obiettivo. Per dare un tocco di creatività al vostro sito web, potete successivamente rivedere le descrizioni dei prodotti utilizzando Quillbot o altre risorse gratuite.

Uno dei vantaggi dell'utilizzo dei web scrapers è la possibilità di sviluppare rapidamente un sito web di e-commerce, anche se il sito contiene una quantità notevole di prodotti, potenzialmente milioni. Al termine della procedura di estrazione e della generazione del file CSV, è sufficiente una semplice esportazione verso la piattaforma di e-commerce preferita (ad esempio, Shopify, GoDaddy, OpenCart, ecc.). Il vostro sito web è ora operativo.

Creare una boutique online per esporre prodotti specializzati a una base di consumatori potenzialmente vasta, di milioni o miliardi di persone, è l'obiettivo principale, indipendentemente dal fatto che si scelga di sviluppare un sito web personalizzato o di replicarne uno esistente. Questo è l'incanto di Internet: offre una straordinaria opportunità di marketing.

Importanti imprese di e-commerce come Shein, che ha debuttato come una modesta boutique online specializzata in abiti da sposa, e Amazon, nata in un garage, si sono rapidamente espanse in settori multimiliardari. Oggi avete a disposizione la stessa opportunità grazie a Internet.

Ottenere ciò che prima richiedeva centinaia di migliaia di dollari in prestiti e finanziamenti per le imprese può ora essere realizzato con soli 51 dollari al mese, a seconda della piattaforma di e-commerce scelta. Grazie alla convenienza e all'accessibilità delle iniziative commerciali online, gli aspiranti imprenditori possono ora raggiungere un pubblico mondiale con un esborso finanziario minimo.

Queste piattaforme di e-commerce offrono forum e video tutorial che rendono l'apprendimento della configurazione del sito web un processo semplice, anche se inizialmente ci si sente sopraffatti. È importante ricordare che il modo migliore per superare le sfide è affrontarle di petto e perseverare.

Una volta terminata la creazione del vostro sito web, è di fondamentale importanza verificare che contenga descrizioni corrette e informazioni esaustive sulla vostra azienda.

"Chi siamo"

Quando i clienti accedono alla vostra piattaforma web, devono essere in grado di capire rapidamente chi siete, come contattarvi e la storia della vostra azienda. Dovete prestare particolare attenzione all'area "Chi siamo" del vostro sito web, poiché è il luogo in cui potete presentare le informazioni relative al background, ai valori e agli obiettivi della vostra azienda.

La fiducia del vostro sito web aumenterà come risultato diretto della vostra dimostrazione di apertura e trasparenza.

È importante tenere presente che il fatto che la vostra azienda operi in un ambiente virtuale non è un motivo per tenere le sue operazioni nascoste agli occhi del pubblico.

Al contrario, dovreste considerare una priorità essere aperti e onesti con i vostri clienti riguardo alla vostra azienda, per guadagnarvi la loro fiducia.

Registrazione dell'azienda:

Dovreste anche riflettere sull'importanza di registrare formalmente la vostra azienda. Nelle fasi iniziali della vostra attività, questa potrebbe non essere una priorità assoluta per voi.

Questo è particolarmente vero se si considera che il primo anno potrebbe non avere alcun debito fiscale se la vostra azienda non ha raggiunto una certa soglia di reddito.

<u>Considerazioni fiscali:</u>

D'altra parte, non appena la vostra azienda inizia a svilupparsi, è assolutamente necessario registrarla e ottenere un codice fiscale.

In futuro, quando lavorerete con un commercialista o vi occuperete di altre questioni fiscali, questa fase si rivelerà una risorsa molto utile.

<u>Fase 4: trovare il prezzo giusto</u> :

In questa fase discuteremo della strategia di determinazione dei prezzi e impareremo a stabilire prezzi competitivi e redditizi.

La determinazione dei prezzi è un fattore determinante per la redditività dell'azienda. È fondamentale tenere presente che l'obiettivo è quello di creare un'impresa redditizia, non filantropica, che richiede un investimento finanziario minimo e un grado di rischio quasi inesistente.

Di conseguenza, è fondamentale stabilire prezzi adeguati per i vostri prodotti. La strategia di determinazione dei prezzi deve essere conforme ai margini di profitto previsti, al numero e alla varietà dei prodotti offerti e alla nicchia di riferimento.

È particolarmente importante evitare di gonfiare eccessivamente i prezzi quando un fornitore offre prodotti identici in vendita online. È essenziale trovare un equilibrio tra redditività e competitività.

Ad esempio, supponiamo di acquistare 20 unità del prodotto X dal fornitore al costo di 6 dollari l'una e di vendere mensilmente questa quantità. Sarebbe più prudente rivenderle a 5 dollari invece di farle pagare 8 dollari. In questo modo otterrete un profitto di 40 dollari per ogni prodotto venduto.

Un'inflazione eccessiva dei prezzi potrebbe limitare le vendite mensili a cinque articoli, ottenendo un profitto per prodotto di 20 dollari anziché i 40 previsti.
Il fattore cruciale è iniziare in modo graduale e costante.
Invece di preoccuparvi della velocità con cui inizierete a vedere i profitti, concentratevi sulla costanza.

Un proverbio francese dice: "L'appetito vien mangiando".

<u>Collaborazione con i fornitori</u>:

Con l'espansione dell'impresa, si può pensare di esplorare potenziali partnership con fornitori diversi da quello attuale, che potrebbero migliorare ulteriormente i margini di profitto. Per garantire il successo della vostra attività, quindi, date priorità a operazioni a basso rischio, vendite costanti e strategie di marketing efficienti.

Allo stesso modo, il margine di profitto potenziale varia in base al prodotto di nicchia. Consideriamo il caso in cui si decida di specializzarsi nella vendita di prodotti di gioielleria, dopo aver individuato la propria nicchia e aver trovato un fornitore affidabile. In questo caso, prodotti come un ciondolo d'oro possono generare notevoli margini di profitto.

Ad esempio, se l'anello ha un prezzo di 500 dollari da parte del fornitore, è ipotizzabile che possiate rivenderlo sul vostro sito web a un prezzo compreso tra 600 e 800 dollari. Non si tratta di un'inflazione dei prezzi, poiché i gioielli hanno spesso un valore intrinseco e offrono margini di profitto sostanzialmente più elevati rispetto ad altre categorie di prodotti.

Al contrario, nel contesto della vendita di giocattoli per bambini, se un giocattolo specifico (denominato giocattolo A) viene offerto dal vostro fornitore a 80 dollari, non vi sarà consentito di aumentarlo sul vostro sito web di oltre 100 dollari. Poiché le dinamiche di nicchia e di mercato svolgono un ruolo significativo, non esiste una formula universale per determinare i prezzi dei prodotti. Trovare un equilibrio tra prezzi competitivi e redditività è di estrema importanza nel contesto del proprio settore.

Margini di profitto:

Quando si ha a che fare con un ampio inventario di prodotti, come nel caso della vendita di prodotti di bellezza con oltre 2000 articoli provenienti dai vostri fornitori, la definizione dei prezzi può essere semplificata utilizzando un approccio basato sul margine percentuale. Un metodo efficace consiste nell'applicare una percentuale fissa di margine di profitto al costo di ciascun prodotto. Ad esempio, si potrebbe decidere un margine di profitto del 15% da aggiungere al prezzo di costo di ogni articolo.

Utilizzando strumenti come un foglio CSV e un foglio di calcolo come Excel, è possibile applicare in modo efficiente questa formula di margine a tutti i prodotti. Questo semplifica notevolmente il processo di determinazione dei prezzi, permettendovi di determinare rapidamente il prezzo di vendita di ogni articolo del vostro inventario.

L'utilizzo di un margine percentuale coerente per l'intera gamma di prodotti non solo semplifica la strategia di determinazione dei prezzi, ma garantisce anche che questi ultimi rimangano competitivi e allineati ai vostri obiettivi di profitto. È un modo efficiente per mantenere la coerenza dei prezzi pur gestendo un catalogo di prodotti ampio e diversificato.

Il pricing dei prodotti di bellezza, che in genere sono composti da più di 2.000 articoli provenienti da fornitori, può essere gestito più facilmente attraverso l'implementazione di una strategia di margine basata sulla percentuale. L'implementazione di una percentuale fissa di margine di profitto sul costo di ciascun prodotto è un approccio efficace. Ad esempio, si potrebbe stabilire un margine di profitto del 15% da aggiungere al prezzo di costo dell'articolo.

Software per fogli di calcolo:

Utilizzando fogli di calcolo come Excel e fogli CSV, è possibile implementare efficacemente questa formula di margine per tutti i prodotti. In questo modo si semplifica notevolmente la procedura di determinazione dei prezzi, consentendo di determinare in modo efficiente il prezzo di vendita di ogni articolo in magazzino.

Applicando un margine percentuale uniforme a tutta la vostra linea di prodotti, vi assicurate che i prezzi rimangano competitivi e in linea con i vostri obiettivi di profitto, razionalizzando al contempo la vostra strategia di pricing. Pur gestendo un vasto e variegato assortimento di prodotti, questo metodo garantisce efficacemente l'uniformità dei prezzi.

Nel corso del tempo, man mano che si acquisiscono informazioni sulle prestazioni dei prodotti, è possibile prendere decisioni informate sull'adeguamento dei prezzi.

Ad esempio, supponiamo che abbiate un prodotto molto venduto, il prodotto X, di cui vendete costantemente 1000 unità al mese. Dopo un'analisi, scoprite che, offrendo coupon o applicando sconti, le vendite di questo prodotto potrebbero potenzialmente aumentare fino a 8-10 volte il volume attuale.

In questo scenario, diventa una scelta logica ridurre il prezzo del prodotto X per sfruttare l'aumento della domanda e incrementare le vendite in modo significativo.

Per avere informazioni preziose sulla creazione di una strategia di pricing efficace, vi consiglio di leggere i libri di Alex Hormozi.

Fase 5: Strategie SEO e di marketing

In conclusione di questa guida, è fondamentale sottolineare che la creazione di un'impresa di e-commerce è solo l'inizio.

Anche se il vostro sito web può essere operativo e accettare ordini, è comunque necessario assicurarsi che sia scopribile e visibile per generare vendite.

L'ottimizzazione per i motori di ricerca (SEO) è un fattore importante in questo contesto. È possibile aumentare notevolmente la probabilità di ottenere un posizionamento elevato nei risultati di ricerca di Google integrando con criterio le parole chiave nei meta-tag e nelle descrizioni del proprio sito web.

<u>Parole chiave:</u>

Quando un utente inserisce una parola chiave associata ai vostri prodotti, aumenta la probabilità che il vostro sito web venga visualizzato nei risultati della ricerca.

Per il successo SEO, il posizionamento preciso dei meta tag e delle descrizioni è fondamentale. Inoltre, Shopify mette a disposizione un pratico strumento di intelligenza artificiale (AI) che può aiutare nella creazione delle meta-descrizioni. Bastano poche parole rudimentali perché questo strumento di intelligenza artificiale generi descrizioni accattivanti.

Le immagini dei vostri prodotti in alta qualità sono altrettanto importanti. Dovrete procurarvi le immagini da internet o dai fornitori dei vostri fornitori, se non sono fornite dai vostri. È praticamente impossibile vendere un prodotto online senza un'immagine di accompagnamento, dato il ruolo critico che le immagini svolgono nell'attrarre e coinvolgere i potenziali clienti.

<u>Dropshipping:</u>

Quando si è impegnati nel drop-shipping, nell'introduzione di un nuovo prodotto o nella creazione di una presenza online per un negozio fisico, si incontra un problema sostanziale: come si può garantire che i consumatori siano in grado di localizzare il negozio online?

Coloro che scoprono la vostra piattaforma di e-commerce tramite un motore di ricerca si informano generalmente su prodotti simili, il che aumenta la probabilità che la transazione vada a buon fine. Utilizzando l'ottimizzazione per i motori di ricerca (SEO), potete migliorare la visibilità del vostro negozio online e aumentare la probabilità che i potenziali consumatori incontrino i vostri prodotti nei risultati dei motori di ricerca.

Le persone che cercano informazioni su Internet spesso iniziano la loro ricerca utilizzando motori di ricerca famosi come Google o Bing.

Questi motori di ricerca hanno il compito di filtrare il materiale vario che si può trovare sui siti web e di generare un elenco classificato di risultati in base alle esatte query di ricerca inserite. In primo luogo determinano quali siti web hanno la maggiore possibilità di essere rilevanti per la query di ricerca e poi forniscono i risultati in ordine di pertinenza.

Risultati della ricerca:

Il posizionamento del vostro negozio online nei risultati di ricerca può essere influenzato da una serie di fattori, tra cui i seguenti:

- La percentuale del traffico totale di un sito web che proviene da fonti non remunerate o organiche, come i social media o altri siti web, che rimandano alla vetrina del sito.

- L'autorità del vostro sito web, misurata in base ad aspetti quali il livello di coinvolgimento degli utenti e altri indicatori pertinenti.

- Il numero di anni di possesso del nome di dominio.

- Sia la struttura che il contenuto del vostro sito web vengono migliorati in modo da essere più graditi ai motori di ricerca.

Per chi è agli inizi nel mondo della vendita al dettaglio online può essere difficile avere un impatto immediato sui primi tre elementi.

Sviluppare una reputazione positiva per la vostra azienda richiede tempo e sforzi costanti, così come ottenere backlink da altri siti web. D'altra parte, con la vostra strategia di contenuti, potete pianificare il vostro successo a lungo termine.

Ottimizzare i vostri contenuti per renderli più identificabili dai motori di ricerca in relazione alle ricerche legate ai vostri prodotti è l'approccio più accessibile per portare più traffico al vostro negozio online nel breve termine.
Questo vi aiuterà a vendere più prodotti online.

Questa metodologia viene generalmente definita SEO, acronimo di "search engine optimization".

Per migliorare l'ottimizzazione per i motori di ricerca di un sito web per un negozio online, è necessario utilizzare alcune strategie fondamentali.

Di seguito vengono presentati alcuni esempi di tali strategie:

Scoprite quali sono le parole e le frasi che i consumatori inseriscono nei motori di ricerca per trovare prodotti e servizi simili ai vostri e sfruttatele. Quali sono i termini di ricerca più efficaci per attirare i clienti a fare acquisti nel vostro stabilimento?

<u>Creare contenuti:</u>

Quando create i contenuti del vostro sito web, è importante ricordare di aggiungere parole chiave pertinenti in punti strategici come i titoli delle pagine, le meta-descrizioni e il testo alt delle immagini.

È estremamente importante verificare che gli URL e gli identificatori dei file corrispondano esattamente al contenuto visualizzato sullo schermo.

Aggiungendo l'intero dominio a Google Search Console, è possibile aumentare i tassi di crawling e indicizzazione del sito web per la propria attività online.

<u>Blog:</u>

L'integrazione delle informazioni ricavate da un blog in un sito web è un modo supplementare ed efficace per aumentare la quantità di traffico organico verso un sito web.

Questa strategia ha il potenziale di aumentare la quantità di traffico organico inviato a un sito web per un lungo periodo di tempo, il che può portare in ultima analisi a un aumento delle vendite. Gli strumenti per la pubblicazione di blog e la generazione di contenuti inclusi nella maggior parte delle piattaforme di e-commerce possono essere utilizzati efficacemente per una serie di scopi.

Così come la cura del blog e l'ottimizzazione del sito web per i motori di ricerca sono fondamentali, il marketing è uno dei fattori più importanti che determineranno il successo del vostro negozio online.

La strategia di marketing più efficace è in genere quella la cui esecuzione richiede il minor numero di risorse finanziarie, pur ottenendo i risultati desiderati.

La diffusione di post su piattaforme di social media autogestite che siano rilevanti per la propria azienda e per le cose che vende è un metodo fattibile che può essere utilizzato per dare il via a tentativi di marketing.

I social media:

La creazione di pagine dedicate su piattaforme di social media molto conosciute, come Facebook e Instagram, può essere un metodo efficace per far conoscere ai potenziali clienti le offerte della vostra azienda e aumentare la consapevolezza del marchio.

Inoltre, dovreste pensare alla creazione di un canale YouTube. Le vostre inserzioni di prodotti saranno viste da un maggior numero di persone se le condividerete in modo ponderato sui gruppi di Facebook che sono rilevanti per il vostro pubblico di riferimento, nonché sui siti web specializzati in annunci gratuiti che si rivolgono al vostro particolare settore di mercato.

Marketing:

Si consiglia di pensare alla realizzazione di biglietti da visita che forniscano una breve sintesi della vostra azienda e l'URL del vostro negozio online. In questo modo potrete distribuire i biglietti da visita a chiunque entri in contatto con voi.

Inoltre, si consiglia vivamente di pensare di affiggere volantini e altro materiale promozionale della propria organizzazione nelle bacheche che si trovano tipicamente nei campus universitari.

Poiché il marketing svolge un ruolo cruciale nell'attirare e mantenere una base di clienti più ampia, è essenziale dare grande importanza a questo aspetto dell'attività. È essenziale tenere presente che il successo degli sforzi di marketing può avere un'influenza diretta sull'entità dei benefici finanziari che si ottengono.

Se il sito web di una persona sta già generando entrate, dovrebbe pensare alla possibilità di reinvestire parte di quel denaro in altre forme di attività di marketing se vuole continuare a far crescere la propria attività.

Le organizzazioni hanno ora la possibilità di implementare attività pubblicitarie mirate su diverse piattaforme, come Google Ads e Facebook Ads, con la libertà di personalizzare queste campagne in base alle proprie risorse finanziarie.

Esempi di queste piattaforme sono Google e Facebook. Lo scopo principale di questo impegno è quello di aumentare il numero di persone che conoscono e sono a conoscenza del vostro sito web e che utilizzano Internet.

È consigliabile rivolgersi senza remore ai propri conoscenti e chiedere il loro aiuto per pubblicizzare il proprio sito web, esortando anche le loro conoscenze a impegnarsi in azioni simili.

Questa è la strada migliore da seguire se si possiedono conoscenti che hanno un grande seguito o un'ampia rete. Il marketing piramidale, nonostante il suo aspetto apparentemente modesto, ha la capacità di raggiungere un numero enorme di persone, forse centinaia o addirittura milioni.

Questo perché il marketing piramidale funziona incoraggiando i partecipanti a reclutare altri a partecipare allo schema.

<u>Vantaggi della fidelizzazione dei clienti:</u>

Per incoraggiare l'attività ripetuta sul vostro sito web, un metodo utile è quello di dare ai clienti fedeli l'opportunità di guadagnare premi per il loro continuo patrocinio dell'azienda, presentando loro dei vantaggi di fedeltà. Questa strategia non solo aiuta le aziende a mantenere i clienti esistenti, ma porta anche a un aumento dei ricavi e a una più ampia gamma di clienti demografici.

<u>Imbuti:</u>

L'utilizzo di imbuti di posta elettronica è un'altra potente tattica da prendere in considerazione. Una strategia di marketing nota come funnel di e-mail è una tecnica sviluppata appositamente per guidare i potenziali consumatori lungo un percorso che, alla fine, li porterà a diventare acquirenti. Si tratta di una procedura metodica che si avvale della corrispondenza e-mail per coltivare i lead e trasformarli in clienti paganti.

I funnel di e-mail sono costruiti con una serie di e-mail accuratamente prodotte e progettate per essere inviate in sequenza. Ogni email ha un ruolo unico nel contesto del customer journey. L'obiettivo è quello di condurre i potenziali clienti attraverso una serie di fasi, che iniziano con la prima fase di consapevolezza e terminano con la fase di conversione.

All'inizio del processo di vendita, gli obiettivi principali sono far conoscere il marchio e catturare l'interesse dei potenziali clienti. Man mano che il processo prosegue, si approfondisce il coinvolgimento, stimolando la curiosità, fornendo contenuti coinvolgenti e, infine, incoraggiando la conversione.

L'esecuzione di questi imbuti dipende spesso dall'automazione delle comunicazioni via e-mail. Ciò consente alle aziende di inviare comunicazioni pertinenti e tempestive alle persone in base alle loro interazioni con le e-mail precedenti o al comportamento sul sito web.

Queste interazioni possono essere ricavate dalla cronologia delle interazioni con siti web o e-mail. I funnel di e-mail cercano di ottimizzare la possibilità di trasformare i prospect in acquirenti soddisfatti, fornendo buone informazioni, risolvendo le esigenze e proponendo offerte in modo intelligente.

Un funnel di e-mail è essenzialmente uno strumento di marketing dinamico che indirizza i potenziali clienti lungo un percorso predeterminato. Per questo motivo, è una strategia efficace per le aziende che vogliono aumentare il numero di conversioni e migliorare le relazioni con i clienti.

CONCLUSIONE

In conclusione, "From Zero To E-Commerce Hero" di Abraham Wright presenta una guida pratica e attuabile per chiunque aspiri a raggiungere un notevole successo nel mondo dell'e-commerce. Come illustrato nei cinque passi fondamentali, questo libro demistifica il viaggio verso la costruzione di un business online multimilionario con un budget modesto di 100 dollari al mese.

Il viaggio inizia con "Trovare una nicchia", dove si impara a identificare un segmento di mercato che si allinea perfettamente con i propri obiettivi commerciali. Successivamente, "Trovare un fornitore locale" è la chiave per assicurarsi l'inventario necessario, ponendo le basi per la vostra impresa di e-commerce. "Costruire un sito di e-commerce o clonarne uno" vi fornisce gli strumenti essenziali per stabilire una presenza digitale che catturi l'attenzione del vostro pubblico.

Una volta poste le basi, ci si immerge in "Il prezzo giusto". Qui si acquisiscono le competenze per stabilire prezzi competitivi e redditizi, un elemento vitale nel vostro viaggio verso il successo. Infine, "Strategia SEO e marketing" svela le strategie e le tattiche necessarie per promuovere efficacemente la vostra attività e migliorare la vostra visibilità online.

In un mondo in cui l'e-commerce può essere un panorama complesso e scoraggiante, "From Zero To E-Commerce Hero" offre una narrazione chiara e pratica, che vi guida da zero a eroe, dove la promessa di successo è tangibile e il percorso è illuminato.

Sia che abbiate appena iniziato il vostro viaggio nell'e-commerce, sia che stiate cercando di elevare la vostra attività esistente, questo libro vi consente di cogliere l'opportunità e di tracciare la vostra rotta verso il trionfo dell'e-commerce. Intraprendete quindi questo viaggio trasformativo, abbracciate queste cinque fasi essenziali e scrivete la vostra storia di successo da zero a eroe dell'e-commerce.

La fine